Patrones que nos rodean

Reconocer patrones

Tony Hyland

Créditos de publicación

Editora
Sara Johnson

Directora editorial
Emily R. Smith, M.A.Ed.

Editora en jefe
Sharon Coan, M.S.Ed.

Directora creativa
Lee Aucoin

Editora comercial
Rachelle Cracchiolo, M.S.Ed.

Créditos de imagen

Teacher Created Materials

5301 Oceanus Drive
Huntington Beach, CA 92649-1030
http://www.tcmpub.com
ISBN 978-1-4938-2927-9
© 2016 Teacher Created Materials, Inc.

Contenido

¿Qué es un patrón?

Un patrón es algo que se **repite**. Un patrón puede ser un **diseño** repetido. Mucha ropa tiene patrones. Un patrón también puede ser algo que se usa una y otra vez, como el patrón de un vestido.

Estos patrones de ropa en papel se usarán para hacer mucha ropa.

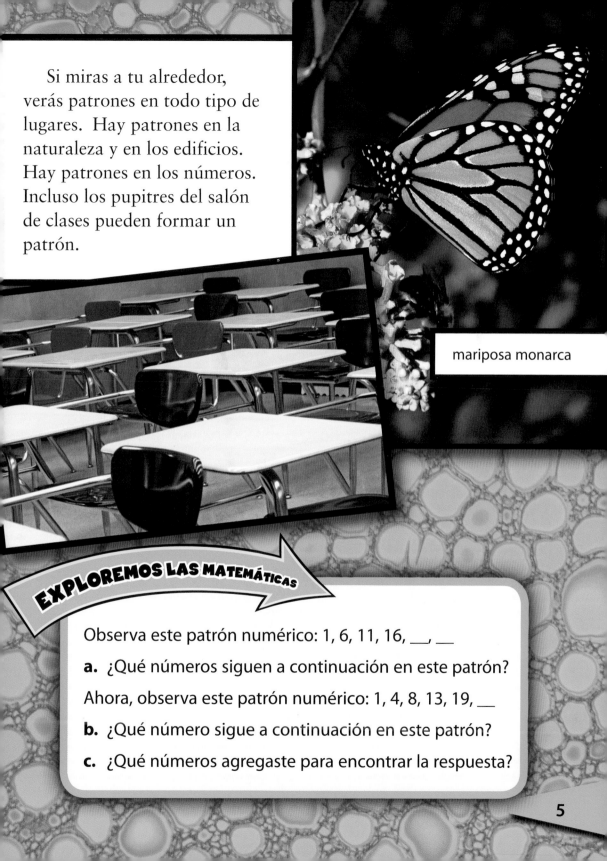

Si miras a tu alrededor, verás patrones en todo tipo de lugares. Hay patrones en la naturaleza y en los edificios. Hay patrones en los números. Incluso los pupitres del salón de clases pueden formar un patrón.

mariposa monarca

EXPLOREMOS LAS MATEMÁTICAS

Observa este patrón numérico: 1, 6, 11, 16, ___, ___

a. ¿Qué números siguen a continuación en este patrón?

Ahora, observa este patrón numérico: 1, 4, 8, 13, 19, ___

b. ¿Qué número sigue a continuación en este patrón?

c. ¿Qué números agregaste para encontrar la respuesta?

Patrones en la naturaleza

hojas de arce

Hay muchos patrones en la naturaleza. Las plantas se pueden **reconocer** por la forma de las hojas y el patrón de la **nervadura** en las hojas. Observa estas hojas. Los patrones son diferentes según el tipo de árbol.

Hasta los pétalos de las flores tienen patrones. Las margaritas tienen pétalos largos y angostos que forman círculos.

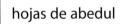

hojas de abedul

margaritas

Patrones animales

Muchos animales tienen patrones en el cuerpo. Las abejas tienen patrones rayados. Las mariposas y las polillas tienen patrones en las alas. Los leopardos tienen patrones moteados. Esas manchas se usan como **camuflaje** en la hierba alta.

abeja

leopardo

polilla regal

Las cebras tienen rayas blancas y negras. Las cebras pueden reconocerse entre ellas porque los patrones rayados son diferentes en cada animal.

cebras

Patrones en las rocas

Las rocas muchas veces presentan patrones. Las capas de roca se acumulan a lo largo de millones de años. Estas capas se llaman estratos. Los patrones de los distintos estratos pueden verse en las paredes de los riscos.

En el Gran Cañón, en Arizona, puedes ver muchas capas de estratos. Cada capa de roca tiene un color diferente. Las capas forman patrones con rayas en las paredes de los riscos. Los científicos estudian estos patrones. Algunas capas muestran que el área fue alguna vez un mar poco profundo. Otras capas muestran que el área fue un pantano o un desierto.

Patrones de los estratos

Si pones la información acerca de los estratos del Gran Cañón en un gráfico, podrás ver con facilidad cuándo se formaron las capas y el nombre de cada estrato.

Antigüedad de los estratos del Gran Cañón

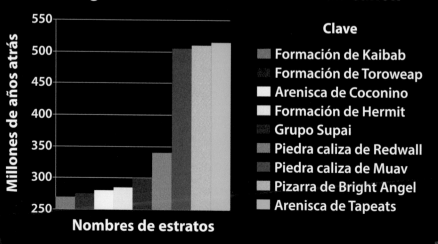

Clave

- Formación de Kaibab
- Formación de Toroweap
- Arenisca de Coconino
- Formación de Hermit
- Grupo Supai
- Piedra caliza de Redwall
- Piedra caliza de Muav
- Pizarra de Bright Angel
- Arenisca de Tapeats

Millones de años atrás

Nombres de estratos

Patrones geométricos

Los patrones **geométricos** son fáciles de hacer. La repetición de apenas una figura constituye un patrón. Puedes cambiar la apariencia del patrón cambiando los colores. También puedes usar distintas figuras.

Giros y vueltas

Puedes incluso cambiar la posición de las figuras girándolas o volteándolas. Este proceso se denomina **transformación**. Transformar una figura, girándola o volteándola, crea un patrón más **complejo**.

Voltear o rotar una figura crea otro patrón.
Puedes voltear una figura con un giro de ¼, ½ o ¾
a la vez.

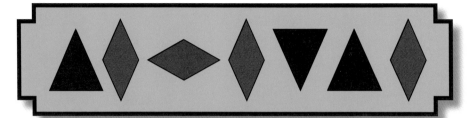

Los patrones de **reflejo** se forman invirtiendo
o volteando una figura para construir una imagen
en espejo.

EXPLOREMOS LAS MATEMÁTICAS

a. Observa el patrón de arriba. ¿Cuál figura debe ir
sobre la línea?

b. Observa el patrón de arriba. ¿Cuáles dos figuras
deben ir sobre las líneas?

Patrones de mosaicos

La gente ha usado mosaicos para hacer patrones durante miles de años. Estos patrones se llaman **teselados**. El teselado es un patrón que cubre un espacio. Las figuras no se superponen ni quedan espacios en blanco. Para este tipo de patrones se usan **polígonos**.

Patrones ancestrales

La palabra teselado proviene de *tesela*, la palabra en latín para mosaico. Estos patrones se han usado durante cerca de 6,000 años. En la actualidad, puedes ver teselados en pisos y paredes.

Los cuadrados, triángulos y hexágonos son las únicas figuras que encajan bien juntas en los teselados. Los círculos no se ajustan al patrón a menos que se agreguen otras figuras para rellenar los espacios.

En algunos teselados, los patrones se encuentran dentro de una figura, como por ejemplo, un cuadrado. Esto se repite una y otra vez. Otros teselados tienen patrones **simétricos**.

Los hexágonos repetidos de este panal forman un teselado.

Estos patrones muestran un teselado cuadrado que se repite.

Patrones numéricos

Nuestro sistema numérico se basa en patrones de grupos de 10. Contamos de 1 a 10, y luego repetimos los números en más grupos de 10, luego en grupos de 100, luego de 1,000 y así sucesivamente. Sin importar cuánto contemos, siempre aparece el mismo patrón de números.

1	2	3	4	5	6	7	8	9	10
10	20	30	40	50	60	70	80	90	100
100	200	300	400	500	600	700	800	900	1,000
1,000	2,000	3,000	4,000	5,000	6,000	7,000	8,000	9,000	10,000

Tabla de centenas

En una cuadrícula de 100 números, podemos ver muchos patrones. Si contamos de 10 en 10, obtenemos un patrón **vertical** en la cuadrícula. Si contamos de 9 en 9, obtenemos un patrón **diagonal**, que se desplaza de derecha a izquierda.

0	1	2	3	4	5	6	7	8	9
10	11	12	13	14	15	16	17	18	19
20	21	22	23	24	25	26	27	28	29
30	31	32	33	34	35	36	37	38	39
40	41	42	43	44	45	46	47	48	49
50	51	52	53	54	55	56	57	58	59
60	61	62	63	64	65	66	67	68	69
70	71	72	73	74	75	76	77	78	79
80	81	82	83	84	85	86	87	88	89
90	91	92	93	94	95	96	97	98	99

EXPLOREMOS LAS MATEMÁTICAS

Observa la tabla de centenas más arriba.

a. ¿Por cuánto debes contar para obtener un patrón diagonal de izquierda a derecha a partir de 0?

b Comienza en 0 y cuenta de 2 en 2. Escribe todos los números. Luego, cuenta de 4 en 4. Escribe todos los números. Luego, cuenta de 8 en 8. Escribe todos los números. Para cada secuencia, detente lo más cerca posible de 100.

c. ¿Qué números aparecen en los tres patrones de conteo?

Patrones en múltiplos

Los números crean muchos patrones. Es fácil multiplicar por 9 si sabes que hay un patrón. El número de la columna de las decenas siempre es 1 menos que el número por el que estás multiplicando. Y la suma de los números siempre es igual a 9.

$$9 \times 1 = 9 \qquad (0 + 9 = 9)$$

$$9 \times 2 = 18 \qquad (1 + 8 = 9)$$

$$9 \times 3 = 27 \qquad (2 + 7 = 9)$$

$$9 \times 4 = 36 \qquad (3 + 6 = 9)$$

$$9 \times 5 = 45 \qquad (4 + 5 = 9)$$

$$9 \times 6 = 54 \qquad (5 + 4 = 9)$$

$$9 \times 7 = 63 \qquad (6 + 3 = 9)$$

$$9 \times 8 = 72 \qquad (7 + 2 = 9)$$

$$9 \times 9 = 81 \qquad (8 + 1 = 9)$$

$$9 \times 10 = 90 \qquad (9 + 0 = 9)$$

¿Puedes encontrar algún otro patrón interesante en esta lista de números?

Secuencias numéricas

Las **secuencias** también son patrones. Las secuencias numéricas siguen una **regla**. Observa esta recta numérica. La regla de esta secuencia es "suma 3".

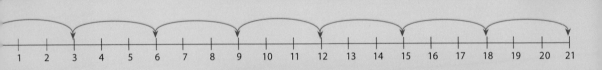

3 + 3 + 3 . . .

Si cuentas de 3 en 3, los dígitos de cada número siempre suman 3, 6 o 9. Toma papel y lápiz y compruébalo por ti mismo.

EXPLOREMOS LAS MATEMÁTICAS

Escribe esta recta numérica y responde las preguntas.

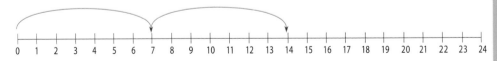

a. ¿Qué regla sigue esta secuencia?

b. ¿Cuál es el siguiente número de la secuencia?

c. ¿Aparece el número 24 en esta secuencia?

Patrones en la construcción

Los **arquitectos** usan muchas figuras para diseñar edificios. Las habitaciones generalmente tienen figura cuadrada. Las puertas y ventanas son rectángulos. Los ladrillos y mosaicos también tienen muchas figuras. Pueden formar patrones. Algunas veces, se usan patrones para decorar la **fachada**.

Los apartamentos San Remo en la ciudad de Nueva York

A menudo, los arquitectos diseñan edificios con conjuntos de columnas y arcos. Estos pueden formar patrones que decoran el edificio.

Los arcos en el Coliseo de Roma forman un patrón continuo alrededor de la edificación.

EXPLOREMOS LAS MATEMÁTICAS

Los arquitectos también usan las ventanas para formar patrones en los edificios. Dibuja la tabla y responde las preguntas.

a. ¿Qué números faltan en la tabla?

b. ¿Cuál es la regla para el patrón de números de la tabla?

Cantidad de ventanas en cada piso del edificio

Piso	Ventanas
2	6
3	9
4	

Patrones en el arte

Los artistas han usado patrones en las pinturas y demás obras de arte durante miles de años. Muchas veces, los patrones se usan para agregar interés a las pinturas.

Esta pieza egipcia tiene muchos patrones diferentes que enmarcan la pintura.

Algunas formas de arte tienen patrones con un significado especial. Observa esta pieza de arte **celta** antigua. El patrón en espiral representa el sol.

Algunos artistas usan patrones para que sus piezas de arte sean más interesantes. En la pintura a continuación, el patrón del campo sigue hasta el cielo.

M. C. Escher usaba las pinturas para crear patrones complejos con aspecto **tridimensional**.

Patrones en la moda

Los patrones siempre han formado parte de la **moda**. Se han usado de muchas maneras. Algunos patrones se tejen en la tela. Otros se estampan sobre tela lisa.

Muchas telas incluyen algunos patrones como los cuadros y las rayas.

La ropa se corta y confecciona con patrones basados en la talla. Los patrones para la ropa de niños se hacen de acuerdo con la edad: 2, 4, 6, 8 hasta 16. Los patrones para los adultos se hacen según la forma y la talla del cuerpo. Los patrones pueden ser pequeños, medianos o grandes.

EXPLOREMOS LAS MATEMÁTICAS

La cantidad de piezas de tela que se necesitan para hacer una camisa varía según la talla de la camisa. Dibuja la tabla y responde las preguntas.

a. ¿Qué números faltan en la tabla?

b. ¿Cuál es la regla para el patrón de números en la tabla?

Cantidad de piezas de tela por camisa

Camisa	Piezas de tela
1	6
2	12
3	
	24

Patrones en la tecnología

Muchas de las máquinas que ves todos los días se accionan por computadora. ¿Sabías que las computadoras no usan palabras para decirles a las máquinas qué hacer? Las computadoras usan un **sistema binario**. Este es un patrón de 2 números: 0 y 1.

Los números se usan de la siguiente manera: 0, 1, 2, 3, 4 y así sucesivamente. La computadora usa esos números de la siguiente manera: 00000000, 00000001, 00000010, 00000011, 00000100, y así sucesivamente.

Los escáneres de los supermercados son máquinas con computador en su interior. Los escáner leen los patrones de los códigos de barras.

La construcción de nuestra tecnología

Los patrones también se usan en las fábricas. Un patrón está formado por cada una de las partes de un elemento. Las máquinas crean miles de partes copiando cada patrón una y otra vez. Luego, se une la cantidad correcta de partes para crear elementos completos.

XPLOREMOS LAS MATEMÁTICAS

Carros Rápidos es una fábrica de automóviles. La tabla muestra la cantidad de puertas que se necesitan para construir automóviles. Dibuja la tabla y responde las preguntas.

a. ¿Qué números faltan en la tabla?

b. ¿Cuál es la regla para el patrón de números de la tabla?

Cantidad de puertas necesarias

Automóviles	Puertas
2	8
4	16
	24

25

Patrones en la comunicación

Para hablar, usamos el lenguaje. El lenguaje usa patrones de palabras y oraciones. Las distintas lenguas usan diferentes letras o caracteres. También usan patrones de oración diferentes. Aprendemos estos patrones cuando aprendemos a hablar.

Esta imagen muestra las letras del alfabeto eslavónico eclesiástico antiguo.

Estamos rodeados de patrones. Podemos verlos en las ciudades y en la naturaleza. Usamos patrones numéricos para hacer cálculos y participar en juegos. Y, cuando hablamos con otros, ¡lo hacemos usando patrones!

La famosa Fibonacci

La secuencia de Fibonacci es una secuencia de números muy famosa. Esta secuencia lleva el nombre del experto matemático italiano, Leonardo Pisano Fibonacci. Fibonacci vivió desde 1170 hasta 1250.

Los números de Fibonacci constituyen una sucesión de números. Los números siguen un patrón especial. Los primeros 10 números de la secuencia de Fibonacci son los siguientes:

1, 1, 2, 3, 5, 8, 13, 21, 34, 55.

¡Resuélvelo!

Ahora, veamos si puedes resolver el secreto de la secuencia de Fibonacci. A continuación, hay una pequeña pista para ayudarte:

$1 + 1 = 2$

$1 + 2 = 3$

a. ¿Qué regla sigue la secuencia de Fibonacci?

b. Continúa el patrón de suma de los números que se muestran arriba para mostrar cómo encontraste la respuesta.

c. ¿Cuáles serían los siguientes 3 números en la secuencia después del 55?

Un desafío secreto

Ahora es tu turno de crear un código numérico secreto.

d. Crea tu propio código numérico. Muéstraselo a un amigo y comprueben si puede descubrir la regla.

arquitectos: personas que diseñan o dibujan edificios

camuflaje: la acción de ocultar algo dándole un color para que parezca otra cosa

celta: proveniente de Bretaña, Gales, Irlanda y Escocia

complejo: difícil de resolver

diagonal: una línea que une dos puntos que no están uno junto a otro ni uno sobre otro

diseño: un patrón decorativo

fachada: la cara o el frente de un edificio

geométricos: relativos a la geometría; una parte de la matemática relacionada con las figuras, las líneas y los ángulos

moda: un estilo de vestimenta que es popular en un momento determinado

nervadura: un canal o tubo

polígonos: figuras que tienen tres o más lados rectos

reconocer: conocer algo o a alguien de antes

reflejo: una imagen en espejo de algo

regla: una declaración que es verdadera

repite: que se hace una y otra vez

secuencias: patrones que siguen una regla

simétricos: que tienen el mismo tamaño y la misma forma a lo largo de una recta

sistema binario: un sistema de números que usa solo 2 números: 0 y 1

teselados: patrones de figuras repetidas que encajan sin que queden espacios en blanco ni superposiciones

transformación: cambio en el modo en que ves una figura

tridimensional: que tiene longitud, ancho y altura

vertical: una línea recta que va hacia arriba y abajo

Índice

Exploremos las matemáticas

Página 5:

a. 21, 26   **b.** 26   **c.** Agregaste 3, 4, 5, 6, 7

Página 11:

a. ▼   **b.** ■▲

Página 15:

a. Contar de 11 en 11.

b. de 2 en 2: 0, 2, 4, 6, 8, 10, 12, 14, 16, 18, 20, 22, 24, 26, 28, 30, 32, 34, 36, 38, 40, 42, 44, 46, 48, 50, 52, 54, 56, 58, 60, 62, 64, 66, 68, 70, 72, 74, 76, 78, 80, 82, 84, 86, 88, 90, 92, 94, 96, 98

   de 4 en 4: 0, 4, 8, 12, 16, 20, 24, 28, 32, 36, 40, 44, 48, 52, 56, 60, 64, 68, 72, 76, 80, 84, 88, 92, 96

   de 8 en 8: 8, 16, 24, 32, 40, 48, 56, 64, 72, 80, 88, 96

c. 8, 16, 24, 32, 40, 48, 56, 64, 72, 80, 88 y 96 están en cada patrón numérico.

Página 17:

a. Contar de 7 en 7   **b.** 21   **c.** No

Página 19:

a. 5, 12, 15   **b.** Multiplicar por 3

Página 23:

a. 4, 18   **b.** Multiplicar por 6

Página 25:

a. 6, 8, 32   **b.** Multiplicar por 4

Actividad de resolución de problemas

a. Sumar los 2 números anteriores al número siguiente.

b. $3 + 5 = 8$
   $5 + 8 = 13$
   $8 + 13 = 21$
   $13 + 21 = 34$
   $21 + 34 = 55$

c. Los siguientes 3 números son 89, 144 y 233.

d. Las respuestas variarán.